Inhalt

Sport-Controlling - Vereine rüsten sich mit professionellem Controlling gegen größer werdende Finanzlöcher

Kernthesen

Beitrag

Fallbeispiele

Weiterführende Literatur

Impressum

Sport-Controlling - Vereine rüsten sich mit professionellem Controlling gegen größer werdende Finanzlöcher

M. Westphal

Kernthesen

- Professionelles kaufmännisches Management und damit vor allem Controlling ist in vielen Vorstandsetagen von Vereinen noch ein Tabu-Thema.
- Immer mehr Sportvereine kommen in eine bedrohliche Finanzlage, sodass die

Forderung nach der Implementierung eines professionellen Controllings zunimmt.
- Traditionelle Controlling-Tools können nicht ohne weiteres übernommen werden, da die Rahmenbedingungen eines Sportvereins andere sind, als die eines "normalen" Unternehmens.

Beitrag

Die bedrohliche Finanzlage in der sich viele Sportvereine befinden, mündet in der Forderung nach Implementierung eines professionellen und an den spezifischen Gegebenheiten des Sports orientierten Controllings im Management.

Die Controlling-Funktion ist in vielen Sportvereinen nicht existent oder orientiert sich nicht an den sportspezifischen Determinanten

In den Medien wird nahezu täglich über die katastrophale Finanzlage von Bundesliga-Fußballclubs berichtet. Bedrohliche Schuldenstände

und steigende Verluste sind die Themen, über die berichtet wird. Der größte Ausgabenposten, und damit Grund für diese Schieflage vieler Clubs, sind die Personalausgaben, die sich aus Gehältern und Ablösesummen für Spieler zusammensetzen.
Bisher ist gemäß empirischer Untersuchungen kein klares Controlling-Verständnis vorhanden, Controllingfunktionen sind in der Managementorganisation nicht implementiert. Die Investitionsentscheidungen basieren nur selten auf langfristig orientierten Kalkulationen, noch ist häufig das Bauchgefühl der Manager entscheidend. (9) Eine kritische unter kaufmännisch fundierten Gesichtspunkten geführte Beurteilung von Spielerinvestitionen ist daher von Seiten des Vereinsmanagements im Vorhinein unerlässlich, um für die Clubs existenzbedrohende Auswirkungen zu vermeiden. (9)
Neben der Schwierigkeit der Identifikation und Zurechnung von Einzahlungsströmen auf die einzelnen Investitionsobjekte Spieler ist auch der sportliche Erfolg als Baustein für wirtschaftlichen Erfolg schwer planbar.

Eine wesentliche Determinante im Profisportbereich im Hinblick auf den Erfolg hat der Zufall. Darunter werden all jene Umstände verstanden, die bis zum Spiel- bzw. Wettbewerbsbeginn nicht bekannt oder prognostizierbar sind. Zufall wird bestimmt durch

Glück und Tagesform.
Glück beinhaltet hierbei all jene beeinflussenden Ereignisse, die nicht auf die eigene und beabsichtigte Leistung zurückzuführen sind. So können Schiedsrichter-Fehlentscheidungen, Witterungseinflüsse, Unebenheiten des Fußballplatzes oder Spielerausfälle kurz vor oder während des Spiels zu "unerwarteten" Ergebnissen führen. Ex ante ist dieses Glück zwar gleich verteilt, ex post aber, und das kann für ein Spiel aber auch eine gesamte Saison gelten, ist nicht von einer Gleichverteilung auszugehen. (1)
Die Tagesform ist die Standardabweichung von einem zuvor geschätzten Qualitätsstandard. So kann sich ein Glücksumstand zu einem frühen Zeitpunkt eines Spiels positiv auf das Selbstbewusstsein bzw. das Engagement des bevorteilten Teams auswirken und den kompletten Spielverlauf beeinflussen. Glücks- oder Pechsträhnen können gar eine längerfristige Auswirkung auf das Selbstvertrauen und damit die gesamte Leistung eines Teams haben. (1)
Die Quantifizierung dieses Faktors Zufall erscheint im Vorhinein unmöglich. (1)

Spielerinvestitionen

Mit Investitionsentscheidungen wird kaufmännisch in der Regel eine Vermögensmaximierung verfolgt. So wird ein Investitionsprojekt nur dann durchgeführt, wenn es das Vermögen nachhaltig positiv beeinflusst. (9)
Ein wesentlicher, die Vereinsfinanzen stark belastender, Faktor sind die Investitionen in Spieler. Das Problem in der Anwendung traditioneller Controlling-Verfahren zur Investitionsentscheidung ist in diesem Falle die hohe Risikobehaftung und Unsicherheit von Spielerinvestitionen. Damit sind die notwendigen Prognosen über Höhe und Zeitpunkt der Geldzuflüsse nur schwer kalkulierbar. So muss die klassische Kapitalwertrechnung um Instrumente aus der Sensibilitätsanalyse erweitert werden. Die zusätzliche Nutzung eines vollständigen Finanzplans, sodass mit nur geringem Mehraufwand realitätsnahe Finanzierungs- und Anlageoptionen aufgezeigt werden können, kann darüber hinaus die Controllingqualität erhöhen.
Sinnvoll erscheint im Rahmen einer Sensitivitätsanalyse die Kapitalwerte im Rahmen der Drei-Punkte-Methode in mehrere Szenarien (best-case, real-case, worst-case) zu berechnen. Mit Hilfe eines Entscheidungsbaums können auch Alternativpläne und ihre Auswirkungen aufgezeigt werden. So könnte bei Ausbleiben der Optimalleistung eines Spielers die Option Verkauf oder Leihgebühr inklusive der sich daraus ergebenden

finanziellen Zuflüsse (aber auch ausbleibender Zuflüsse durch z. B. verringertes Merchandising oder verringerte Abflüsse durch eingesparte Gehälter) aufgezeigt werden. (9)
Langfristig kann auch die Realoptionsmethode zum Einsatz kommen. Aufgrund der Komplexität dieses Verfahrens, unter Berücksichtigung der noch jungen und sich erst entwickelnden Controllingstrukturen in Vereinen, scheint ein solcher Einsatz aber noch verfrüht.
Aber auch weiche Faktoren müssen bei derartigen Entscheidungen berücksichtigt werden und können durch Scoring-Modelle erfüllt werden. (9)

Probleme bei der Vorbereitung einer Investitionsentscheidung für einen Spieler

Die **Zurechnung der Ein- und Auszahlungen auf die einzelnen Leistungsträger** in einem Profi-Verein gestaltet sich als schwierig. So sind zwar Ablösesummen und Gehälter eindeutig auf die jeweiligen Spieler zuzurechnen, aber auf der Einzahlungsseite entfallen Positionen wie (zusätzliche) Einzahlungen aus Fernsehgeldern, Spielbetrieb oder Werbung und Merchandising auf die gesamte Mannschaft und erfordern somit eine Schlüsselung, die schwierig zu ermitteln ist. Sind z. B. die zusätzlichen Einnahmen im Spielbetrieb einem hauptverantwortlichen Leistungsträger zuzurechnen und wenn ja, in welcher Höhe ist sein Anteil zu bemessen? (9)

Aufgrund des nahezu unkalkulierbaren **Risikos der Verletzung oder des Ausfalls** eines Spielers ist zum einen eine Sportinvaliditätsversicherung durch den Verein abzudecken, die weitere Auszahlungen nach sich zieht. Andererseits sind die Folgen einer längeren Verletzung und damit evtl. verbundene Änderungen/Verringerungen der Einzahlungsströme im Vorhinein nicht zu kalkulieren. (9)

Ebenso unkalkulierbar erscheint ein Phänomen, welches als **ko-spezifische Spielerinvestition** bezeichnet wird. Hierunter wird die bessere oder schlechtere Leistung bezeichnet, die ein Spieler in seiner neuen Vereinsumgebung erbringt, je nachdem ob er in der Konstellation und Integration des Vereins besser oder schlechter mit den anderen Spielern der Mannschaft harmoniert. (9)

Eine weitere Besonderheit im Rahmen von Investitionsentscheidungen in Spieler besteht in **Qualitätsschwankungen oder Leistungseinbrüchen**. Im materiellen Investitionsgütergeschäft gilt hierfür die Möglichkeit der Inanspruchnahme von Reklamations- oder Stornoansprüchen. Im Falle von Sportvereinen liegt das Risiko des Wertverlustes komplett beim Investor. (9)

Ungewissheit als das Controlling erschwerender Faktor

Ein wichtiges Qualitätsmerkmal professioneller Sportwettbewerbe ist die Ungewissheit über den Ausgang des Spieles oder Wettbewerbs. (1) Daraus resultiert das Interesse von Fußballclubs und Kapitalgesellschaften, möglichst gleichstarke Gegner zu finden, wenn das oberste Ziel die Erlösmaximierung darstellt. Bei zu großer sportlicher Überlegenheit könnten das Publikumsinteresse und damit das Einnahmepotenzial schrumpfen. Im Sportbereich ist im Gegensatz zu anderen Industriebranchen ein Monopol nicht gewinnoptimal. (1)
Damit lässt sich auch die z. B. in der Fußball-Bundesliga noch herrschende Zentralvermarktung der Fernsehübertragungsrechte durch die Deutsche Fußball Liga begründen, die sportliche Ausgeglichenheit durch Erlösumverteilung anstrebt. (1)
Ein interessanter Indikator zur Bestätigung der These des Zufalls ist die Quotenfestsetzung für Sportwetten. Diese orientieren sich im Fußballbereich an der

Spielstärke der beteiligten Mannschaften, den taktischen Möglichkeiten, der Fähigkeiten der Trainer, dem Heimvorteil, der Bedeutung von Siegesserien und ähnlichen im vorhinein bekannten Faktoren. Die "zufälligen" Faktoren wie Glück und Tagesform offenbaren sich aber erst im Spielverlauf. Daher ist also auch hier noch einmal der "Zufall" ein bestimmender Faktor, der dafür sorgt, dass ein Gewinn bei Sportwetten auch dem Zufall unterliegt. [1] Somit sind auch Spielausgänge nicht prognostizierbar.
Für das Controlling erschwert sich damit die Aufgabe nach verlässlichen Messgrößen zu suchen und die Zukunftsplanung auf eine verlässliche Basis zu stellen.

Korreliert der sportliche Erfolg eines Vereins mit seiner Finanzkraft?

Bisher wird in Wissenschaft und Praxis vielfach die Ansicht vertreten, dass der sportliche Erfolg im Wesentlichen mit der Finanzkraft der Vereine korreliert. Empirisch allerdings ist diese Aussage nicht zu bestätigen, nicht immer spielt die finanzstärkste Mannschaft den attraktivsten Fußball, auch hat die Mannschaft mit dem attraktivsten

Fußball nicht immer den größten sportlichen Erfolg. So ist davon auszugehen, dass die Managementqualität einen nicht unwesentlichen Einfluss auf das sportliche Abschneiden hat. (1) Den meisten Vereinen dient der sportliche Erfolg als Oberziel. Unter Einhaltung aller Nebenbedingungen, wie Aufrechterhaltung der Liquidität und dem Erzielen eines Gewinns. (9)

Langfristig erfolgreiche Vereine wie Manchester United leben nach einer anderen Maxime. Bei ihnen ist die gute sportliche Leistung nur das Mittel zur Erzielung einer langfristig attraktiven Rendite und muss sich somit den unternehmerischen Zielen unterordnen. (9)

Fallbeispiele

Der 1. FC Kaiserslautern baut eine professionelle Managementstruktur auf. So ist als Präsident der Diplom-Kaufmann und bisherige Leiter Controlling und Rechnungswesen Erwin Göbel ernannt worden. Er wird ab Sommer die Nachfolge für den scheidenden Rene C. Jäggi übernehmen. Außerdem wird in Kürze ein Fachmann für Marketing vorgestellt werden. Sein Aufgabenbereich wird auch die Bereiche Außendarstellung, Vereins-Mitglieder und Fans sowie Saison-Dauerkarten umfassen. Unterhalb des Vorstands wird darüber hinaus ein Sportdirektor installiert werden. Wesentliches Ziel ist die wirtschaftliche Konsolidierung des Vereins. (2)

Beim TSV Pfungstadt arbeitet seit 2005 eine achtköpfige Strukturkommission an der inhaltlichen und personellen Erneuerung des Vereins. Hierbei steht die Professionalisierung des Managements, welches sicher auch zu erhöhten Managementkosten führen wird, im Vordergrund. Der Verein hat seit 2001 schwere Jahre hinter sich. Nicht professionelles kaufmännisches Controlling führte im Rahmen einer Steuerprüfung zu Nachzahlungsforderungen in Höhe von 360 000 Euro. (3)

Der SV Wacker Burghausen möchte seine Profifußballabteilung in eine GmbH ausgründen. Hierfür wird ein Grundkapital von 2,5 Millionen Euro benötigt. Schon in den vergangenen Monaten waren Liquiditätsengpässe aufgetreten, weshalb z. B. Spielergehälter nur verspätet ausgezahlt werden konnten. Zwar wird der Fußballbetrieb schon heute als Fußball-Wirtschaftlicher-Geschäftsbetrieb als eigenes Unternehmen im Verein geführt. Die Trennung mit Hilfe einer GmbH wäre aber noch deutlicher. Damit wären auch die internen Reibereien bzgl. der Verwendung von Sponsorengeldern zurückgedrängt. Ziel ist die Installation eines Geschäftsführers, der eigenverantwortlich das ihm vom Steuerungsgremium vorgegebene Budget verwaltet inklusive der Verhandlung der Gehälter mit Spielern und Trainer. (4)

Der VfB Stuttgart hat in der Führungsetage sein Planziel mit der Einführung eines professionellen, industrieerfahrenen Managements erreicht. So sitzen Manager und Vorstände aus Industrieunternehmen im Aufsichtsrat. Das ungewöhnliche Customer-Relationship-Management ("Wir-packen-Schalke.de") und die Balanced Scorecard finden auch in Wirtschaftsfachblättern Widerhall. Allerdings mangelte es in der nach wirtschaftlichen Gesichtspunkten operierenden Führungsmannschaft an Sachverstand im Kerngeschäft Fußball, was den Machern aktuell jede Menge Lehrgeld abverlangt. (5)

Der FC St. Pauli wird nach Jahren schwerer Misswirtschaft ab dem Sommer einen professionellen Controller engagieren, der auch ein Risikomanagementsystem einführen soll, um eine langfristig solide Finanzierung des Clubs sicherzustellen. Daneben soll auch ein professionelles Prognosesystem eingeführt werden, um für alle möglichen Szenarien im Vorhinein bereit zu sein. (6)

Alemannia Aachen hat sich mit einem neu aufgestockten Präsidium, in dem auch betriebswirtschaftliche Kompetenz zu finden ist, neu aufgestellt. Um die Finanzen wird sich Franz-Wilhelm Hilgers, Vorstandssprecher der Aachener Bank kümmern, die Organisation und das Controlling wird der ehemalige Prokurist und Personalleiter Klaus Dieter Wolf übernehmen. Des Weiteren wird es ein Vorstandsressort Sponsoren und Marketing geben und eines für den Bereich Sport. (7)

Der Traditionsklub TuS Koblenz hat im März 2005 erstmals in seiner 94-jährigen Vereinsgeschichte einen hauptamtlichen Manager eingestellt. Mit dem ehemaligen Fußballprofi Stefan Kuntz, der dem Verein gemeinsam mit dem Präsidenten Bruno Gauggel professionelle Strukturen verpasst, bewegt sich der Club inzwischen in Richtung Profi-Fußball. Der Club ist auf dem Weg, sich zu einer richtigen Marke zu entwickeln. (8)

Der einzige börsennotierte Fußballclub Deutschlands, Borussia Dortmund, hat hohe Investitionen in Spieler wie Amoroso, Koller und Wörns getätigt. Insgesamt sind mehr als 25 Millionen Euro an Ablösesummen für diese drei Spieler geflossen bei Jahresgehältern zwischen drei und 4,2 Millionen Euro. Die ausbleibenden sportlichen Erfolge haben die Ertragslage des Clubs derart verschlechtert, dass eine

Insolvenz nur unter großen Mühen abgewendet werden konnte. (9)

Der Spieler David Beckham hat seinen aufnehmenden Verein 35 Millionen Euro gekostet. Neben den erwarteten zusätzlichen Spielerfolgen hat das Management von Real aber mit einer Zunahme der Trikotverkäufe in Höhe von 50 Millionen Euro jährlich gerechnet, was für sich alleine schon eine Über-Amortisation der Investition bedeutet hätte. (9)

Weiterführende Literatur

(1) Quitzau, Jörn, Zufall als Spielgestalter, Der übersehen Erfolgsfaktor im Profifußball und seine wettbewerbspolitischen Implikationen, WiSt Wirtschaftswissenschaftliches Studium, Heft 04/2006, S. 200-205
aus Financial Times Deutschland vom 08.02.2006, Seite ENEP13

(2) Controller aus dem Hintergrund
aus Süddeutsche Zeitung, 16.03.2006, Ausgabe Deutschland, S. 35

(3) Der Verein mit Herz bastelt an modernen Strukturen
aus Darmstädter Echo, 09.03.2006

(4) SV Wacker braucht Geld für Fußball GmbH

aus Passauer Neue Presse vom 20.02.2006

(5) Die große weite Fußballprovinz
aus Frankfurter Allgemeine Sonntagszeitung, 12.02.2006, Nr. 6, S. 20

(6) Finanzielle Gesundung soll kein Strohfeuer sein St. Paulis Vizepräsident Marcus Schulz legt Zahlen offen und kündigt an, keine Abenteuer einzugehen
aus DIE WELT, 08.02.2006, Nr. 33, S. 41

(7) Erfolgreiche Fahndung nach fünf Monaten Alemannia stellt das neue aufgestockte Präsidium vor. Auf der Vorstandsetage ist viel betriebswirtschaftliche Kompetenz zu finden.
aus Aachener Nachrichten vom 18.01.2006

(8) "In drei Jahren möchte ich einen Bundesligaverein führen"
aus HANDELSBLATT online 20.6-.1-06 06:00:00

(9) Littkemann, Jörn; Fietz, Axel; Krechel, Sandra, Instrumente zum Controlling von Spielerinvestitionen im Profifußball, Controlling, Heft 03/2006, S. 133-140
aus HANDELSBLATT online 20.6-.1-06 06:00:00

Impressum

Sport-Controlling - Vereine rüsten sich mit professionellem Controlling gegen größer werdende Finanzlöcher

Bibliografische Information der deutschen Nationalbibliothek

Die Deutsche Nationalbibliothek verzeichnet diese Publikation in der deutschen Nationalbibliografie; detaillierte bibliografische Daten sind im Internet über http://dnb.d-nb.de abrufbar.

ISBN: 978-3-7379-0032-4

© 2015 GBI-Genios Deutsche Wirtschaftsdatenbank GmbH, Freischützstraße 96, 81927 München, www.genios.de

Alle Rechte vorbehalten. Dieses Werk ist einschließlich aller seiner Teile – z.B. Texte, Tabellen und Grafiken - urheberrechtlich geschützt. Jede Verwertung außerhalb der Grenzen des Urheberrechtsgesetzes bedarf der vorherigen Zustimmung des Verlags. Dies gilt insbesondere auch für auszugsweise Nachdrucke, fotomechanische Vervielfältigungen (Fotokopie/Mikroskopie), Übersetzungen, Auswertungen durch Datenbanken oder ähnliche Einrichtungen und die Einspeicherung und Verarbeitung in elektronischen Systemen.